Karl-Heinz Morscheck

Schritt für Schritt
Tiere zeichnen

Die Deutsche Bibliothek – CIP-Einheitsaufnahme
Tiere zeichnen / Karl-Heinz Morscheck. – Wiesbaden: Englisch, 2000
(Schritt für Schritt)
ISBN 3-8241-0903-4

© by Englisch Verlag GmbH, Wiesbaden 2000
ISBN 3-8241-0903-4
Alle Rechte vorbehalten. Nachdruck, auch auszugsweise, verboten.
Printed in Spain

Das Werk und seine Vorlagen sind urheberrechtlich geschützt, jede Verwertung oder gewerbliche Nutzung der Vorlagen und Abbildungen ist verboten und nur mit ausdrücklicher Genehmigung des Verlages gestattet. Dies gilt insbesondere für die Nutzung, Vervielfältigung und Speicherung in elektronischen Systemen und auf CDs. Es ist deshalb nicht erlaubt, Abbildungen und Bildvorlagen dieses Buches zu scannen, in elektronischen Systemen oder auf CDs zu speichern oder innerhalb dieser zu manipulieren.
Die Ratschläge in diesem Buch sind von dem Autor und dem Verlag sorgfältig erwogen und geprüft, dennoch kann eine Garantie nicht übernommen werden. Eine Haftung des Autors bzw. des Verlages und seiner Beauftragten für Personen-, Sach- und Vermögensschäden ist ausgeschlossen.

Inhaltsverzeichnis

Vorwort	4
Material und Grundsätzliches	5
Schritt für Schritt zum fertigen Bild	8
Katzen	8
Seitenansicht (Tuschezeichnung)	9
Porträt einer Katze (Bleistiftzeichnung)	10
Liegende Katze (Tuschezeichnung)	13
Hunde	14
Spielender Hund (Rötelzeichnung)	15
Hundeporträt (Pastellzeichnung)	16
Pferde	19
Galoppierendes Pferd (Lavierte Federzeichnung)	20
Stute mit Fohlen (Kohlezeichnung)	22
Kühe	24
Grasende Kühe (Kreidezeichnung)	25
Porträt (Pastellzeichnung)	27
Wellensittiche	29
Vogelpärchen (Pastellzeichnung)	30

Vorwort

Wer Tiere aufmerksam beobachtet und vielleicht sogar täglich mit ihnen zu tun hat, weiß, in wie vielfältiger Weise sie dargestellt werden können. Tiere lassen sich in ruhenden Stellungen, z.B. liegend und schlafend, oder in Bewegung, d.h. laufend oder springend zeichnen, sie können frontal, von der Seite, in Gruppen oder als Porträt abgebildet werden und jede Darstellungsform hat ihren besonderen Reiz. Tiere zu zeichnen verlangt etwa die gleiche Aufmerksamkeit, die man benötigt, um einen Menschen zu zeichnen, vielleicht sogar noch etwas mehr, da Tiere sehr eigenwillige Modelle sind. Man kann sie kaum dazu bringen, ruhig stehen oder sitzen zu bleiben, da ihre Neugierde und ihr Bewegungsdrang sie bestimmen.

Beim Zeichnen von Tieren wird man also immer wieder auf Fotografien als Hilfsmittel und Informationsquelle zurückkommen müssen. Dabei finden Sie sich aber in guter Gesellschaft, selbst große Künstler haben sich dieses Mediums immer wieder bedient. So hat z.B. der Künstler Degas für seine bekannten Darstellungen von Pferderennen Fotos verwendet. Das Foto macht neue Aspekte und Perspektiven möglich, die ansonsten kaum skizziert werden könnten. Die Bewegungsabläufe können anhand der Fotografie perfekt erfasst und studiert werden. Die eigene Beobachtung und die Nähe zum Tier bleibt jedoch immer die Grundlage jeder gelungenen Zeichnung.

Dieses Buch soll eine praktisch orientierte Einführung in das Zeichnen von Tieren geben. Dabei wird die Anatomie mit dem Aufbau des Skelett- und Muskelapparates nur gestreift, dieses Thema sollte aber bei einer weitergehenden Beschäftigung mit Tierzeichnungen unbedingt berücksichtigt werden. Als Modell standen unterschiedliche Tiere aus der unmittelbaren Umgebung wie Katzen, Hunde oder Kühe zur Verfügung, diese vertrauten Motive sollen den Anfang erleichtern und erlauben das genaue Studieren der Tiere.

Dieses Buch soll demnach Einsteigern eine Hilfe und Fortgeschrittenen Anregung sein, sich mit der faszinierenden Welt der Tiere zeichnerisch zu befassen. Viel Freude und Erfolg beim Studieren und Zeichnen!

Karl-Heinz Morscheck

Material und Grundsätzliches

Bleistifte

Bleistifte sind das gebräuchlichste Zeichenmittel und entsprechen in vielfältigen Ausführungen den unterschiedlichsten Anforderungen. Es gibt heute etwa 20 verschiedene Härtegrade, die in unterschiedlicher Form angeboten werden. Die Härtesorten H bis 10 H erlauben einen feinen und exakten Strich, die weicheren, von B bis 8 B, können leicht verwischt werden und lassen somit malerische Effekte zu. Die Zwischenstärken HB, F und B werden am häufigsten verwendet, weder zu hart noch zu weich erfüllen sie die gängigsten Anforderungen.

Um Bleistiftzeichnungen der unterschiedlichsten Art anfertigen zu können, empfiehlt sich ein Sortiment von 2 H bis 6 B, wobei Sie nicht sämtliche Zwischengrade benötigen. Zur Korrektur von Zeichnungen mit weichen Stiften eignet sich ein Knetgummi, bei härteren Bleistiften kann ein Radiergummi verwendet werden.

Alle Bleistiftzeichnungen sollten nach Beenden mit einem Fixativspray fixiert werden. So vermeiden Sie unerwünschte Verwischungen, die sich kaum mehr korrigieren lassen. Als Papier können Sie jede Art verwenden, meist genügt ein Skizzenblock von durchschnittlicher Qualität. Aber auch lose Papiere verschiedener Größen leisten gute Dienste.

Zeichenkohle und schwarze Kreiden

Zeichenkohle und Kreiden zählen im Gegensatz zu den Bleistiften zu den breitzeichnenden Materialien. Feine und dünne Linien sind mit ihnen schwer zu erzielen, ihre Wirkung ist eher eine malerische. So lassen sich äußerst feine und ganz schwarze Schattierungen gleichermaßen herstellen. Die Technik des Verwischens kommt dabei zur vollen Entfaltung. Schraffurtechniken spielen eine eher untergeordnete Rolle, da sie nur durch das Übereinander sehr feiner Linien wirken.

Zeichenkohle ist in unterschiedlichen Ausführungen im Handel erhältlich. Der weichen Kohle sieht man die Herkunft aus kleinen, entrindeten Zweigen noch an. Härtere Stücke werden aus Spänen hergestellt. Sie sind viereckig oder rund und manchmal mit Holz ummantelt. Zeichenkohle muss beim Spitzen sehr vorsichtig behandelt werden, da sie leicht bricht. Stifte aus Fettkohle (Kohle mit Ölzusatz) brechen nicht so leicht, jedoch lassen sie sich auch weniger gut radieren. Kohle lässt sich am leichtesten mit einem Knetgummi aufhellen oder entfernen, indem der Abrieb des Zeichenmaterials in diesen Radiergummi aufgenommen wird. Weiche Zeichenkohle erlaubt besonders subtile Verwischtechniken. Präzise und kräftige Linien erhält man mit den Kanten der Kohlestückchen.

Schwarze Kreide besteht aus Ruß oder anderen schwarzen Pigmenten, die zusammen mit Bindemitteln in Stäbchenform gepresst werden. Das ergibt ein sehr kräftiges Zeichenmittel, mit dem sich ausdrucksstark arbeiten lässt.

Schwarze Kreide lässt sich kaum radieren, folglich sollte für eine kompliziertere Zeichnung zuerst eine Vorzeichnung mit Bleistift angefertigt werden. Das Material ist in verschiedenen Härtegraden erhältlich.

Als Zeichengrund eignen sich für Kohle und schwarze Kreiden nahezu alle Papiere und Kartons mit einer etwas raueren Oberfläche.

Je rauer und gröber die Oberfläche ist, desto besser bleibt der Abrieb von Kohle und Kreide haften. Graues oder bräunliches Papier, wie z.B. Packpapier, kann bei einer Kreide- oder Kohlezeichnung eine ganz besondere Wirkung haben.

Zum Verwischen können entweder Papierwischer, Stoffe und Papiertaschentücher oder die eigenen Finger verwendet werden. Nach dem Zeichnen müssen die Bilder fixiert werden, damit die Pigmente nicht nachträglich verwischt werden.

Rötel und Sepia

Rötel (Bolus) besteht aus einer sehr feinen Tonerde, die zu unterschiedlichen Anteilen Eisenoxyde enthält. Durch diese kommen helle bräunliche bis rötliche Farbtöne zustande, die den Rötelzeichnungen den typischen warmen Charakter verleihen. Sepia weist einen dunkleren Farbton, fast schon ein Braunschwarz, auf. Sepia und Rötel gibt es in unterschiedlichen Arten, in Stäbchenform viereckig, als runde Mine oder holzummantelt. In erdiger Konsistenz bröseln die Stifte leichter, lassen aber gute Verwischeffekte zu. Mit Zusätzen von Öl sind die fetteren Rötelstifte weniger empfindlich, lassen sich besser spitzen und erlauben einen genaueren und feineren Strich. Jedoch lassen sich fettere Rötel nicht so gut verwischen und eine einmal gezeichnete Linie ist kaum zu korrigieren bzw. wegzuradieren.

Zeichnen mit Tinte und Tusche

Gänzlich anders als das Zeichnen mit festen Stiften stellt sich das Arbeiten mit Tuschen dar. Hierbei wird ein flüssiges Zeichenmittel mit einem Pinsel oder mit einer Stahl-, Kiel- oder Bambusfeder auf Papier vermalt. Tuschen bestehen aus feinstem Ruß, der mit Bindemitteln vermischt ist. Während des Zeichenvorgangs können Tuschen nach Bedarf mit Wasser verdünnt werden. Tusche erhalten Sie in flüssiger Form, aber auch in fester Form.

Tinten gibt es in unterschiedlichen Farbtönen. Sie bleiben im Gegensatz zu Tuschen meist wasserlöslich. Hier mag aber der Farbton verlocken. Zeichnungen in Sepia oder gebranntem Siena haben einen schönen warmen Ton.

Zum Zeichnen mit Tusche eignet sich besonders eine kleine, feine Stahlfeder. Während die vorher behandelten Zei-

chenmittel Bleistifte, Kohle und Kreiden ihre Wirkung durch Abrieb entfalten, sind die Federn übertragende Mittel. Tuschen oder Tinten fließen hier während des Zeichenvorgangs über die Feder ab.

Wie die verschiedenen Federn gehört auch der Pinsel zu den übertragenden Mitteln. Die schmiegsame Haarspitze lässt unterschiedliche Linien- und Flächenbildungen zu, sodass mit einem einzigen Pinselstrich starke und breite Akzente aber auch ganz sensible Andeutungen entstehen können.

Für das Zeichnen mit Federn und Tuschen sollte das verwendete Papier eine glatte Oberflächenstruktur haben, da sich die Feder nicht einhaken darf. Bessere Studien- oder Skizzenblöcke haben eine ausreichende Qualität, es gibt auch lose Zeichenpapiere in verschiedenen Größen, die gut geeignet sind. Für Pinselzeichnungen ist eine gute Saugfähigkeit des Papiers wichtig.

Pastellkreide

Im Handel sind weiche und harte Pastellkreiden sowie Pastellstifte, Ölpastelle und wasserlösliche Pastelle erhältlich. Pastelle bestehen aus reinen Pigmenten, Anteilen von Kreide und einem Bindemittel, z.B. Gummiarabikum. Die weiche Pastellkreide enthält am wenigsten Bindemittel, sodass ihre Farben sehr rein und klar sind. Insgesamt weisen Pastellkreiden einen sehr hohen Lichtechtheitsgrad auf.

Harte Pastellkreiden, auch Vierkantkreiden genannt, sind unempfindlicher als weiche und deshalb gerade zum Skizzieren im Freien geeignet. Harte Pastellkreiden haben einen höheren Bindemittelanteil als weiche Pastellkreiden. Die harten Pastellkreiden lassen sich jedoch sehr gut mit den weichen kombinieren.

Bei Pastellkreiden erfolgt das Mischen der Farben durch Verreiben mit den Fingern oder einem Wischer. Man kann aber Farben auch durch die Kreuzschraffur (Übereinanderlegen zweier unterschiedlicher Farben) oder das Fiedern (parallele, sich ineinander schiebende Striche) mischen.

Als Malgrund für Pastellkreiden eignen sich Papiere wie Canson, Ingres-Papiere, Velour-, Aquarell- und Sandpapier.

Zum Radieren eignet sich ein Knetgummi, mit dem Sie den Pastellstaub entfernen, und ein Plastikradierer, der anschließend den Malgrund reinigt.

Fixativspray wird zum Fixieren des fertigen Bildes benutzt. Da die Farben durch das Fixativ-Spray nachdunkeln, sollten die hellen Partien anschließend nochmals übermalt werden.

Schritt für Schritt zum fertigen Bild

Katzen

Katzen, aus der Familie der Landraubtiere, haben sich durch ihre nützliche Tätigkeit als Ratten- und Mäusefänger den Menschen unentbehrlich gemacht und ihre Herzen erobert.

Zuerst domestiziert wurden sie im 3. oder 2. Jahrtausend v. Chr. in Kleinasien und Ägypten, wo sie sogar zu göttlichen Ehren als Beschützerin der Ernten und Getreidespeicher kamen. Als Begleiter der Menschen ist die Katze heute nicht mehr wegzudenken.

Katzen haben, ob Haus-, Rassekatzen oder Großkatzen wie Löwen und Tiger, etwa den gleichen Schädelbau, sie unterscheiden sich nur in der Größe.

Der Abstand zwischen den Augen- und Nasenhöhlen ist bei Katzen kürzer als bei anderen Säugetieren, sodass ihre Eckzähne vorne im Maul sichtbar werden.

Der Schädel ist erkennbar flacher als beim Hund und ihr Körperbau nicht so schlank.

Seitenansicht (Tuschezeichnung)

Benötigtes Material: Zeichenblatt DIN A3, Bleistift Härtegrad HB, feine Stahlfeder, Sepiatusche.

Beim Zeichnen von Katzen ergeben sich ähnliche Probleme, wie bei allen anderen Tieren. Lauf, Sprung und lebhaftes Spielen sind schwer als Momentzeichnung zu erfassen.
 Am leichtesten ist es, eine Fotografie als Vorlage zu verwenden oder das Tier beim Schlafen zu zeichnen.

Um die Proportionen und den Körperbau einer Katze studieren zu können, wird eine einfache Seitenansicht gezeichnet. Vorlage hierfür ist ein Foto, das gerastert wird. Ziehen Sie Linien mit einem Abstand von jeweils einem Zentimeter in Längs- und in Querrichtung, sodass die gesamte Fläche in eine Anzahl Quadrate von einem Zentimeter Seitenlänge aufgeteilt ist.

Für eine genaue Übertragung wird nun in der gleichen Weise ein Liniennetz auf ein DIN-A3-Blatt übertragen, jedoch mit einer Seitenlänge der Quadrate von vier Zentimetern.

Anschließend können die Umrisse der Katze mit einem Bleistift der Stärke HB vom Foto übertragen werden.

Nun werden mit einer feinen Stahlfeder und Sepiatusche die Umrisslinien nachgezogen. Der unterschiedliche Aufdruck mit der Feder und unterbrochene Linien gestalten hierbei die Zeichnung lebendig.

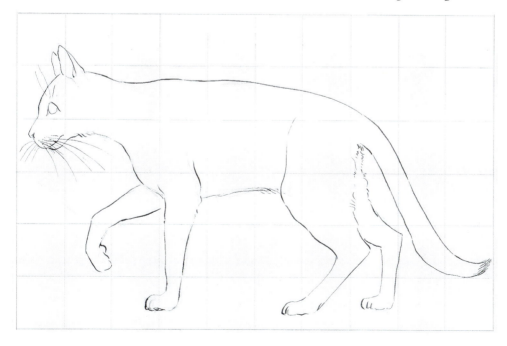

Porträt einer Katze (Bleistiftzeichnung)

Benötigtes Material: festes weißes Zeichenpapier mit harter, glatter Oberfläche, 70 x 50 cm, Bleistifte, Härtegrad HB und H bis 4 H, Fixativspray.

Katzen sitzen oft sehr ruhig und regungslos und scheinen den Menschen durchdringend anzublicken. Diese Stellung hat den Vorteil, dass man das ganze Tier zeichnen kann und zugleich ein Porträt der Katze erhält. Als Grundlage wurde für diese Zeichnung eine Fotografie verwendet.

Erster Schritt
Nach den Vorgaben des Fotos wird zunächst eine gute Vorzeichnung, als freie Zeichnung ohne Hilfslinien und Raster, erstellt. Beginnen Sie hierfür mit einem Bleistift Härtegrad HB, sodass unstimmige Linien leicht mit einem Knetgummi korrigiert werden können. Wichtig ist bei der Vorzeichnung, dass die Proportionen richtig übertragen werden, die Länge der Vorderbeine muss im Verhältnis zum übrigen Körper gesehen werden und die Haltung des Kopfes, die Stellung der Augen, der Nase und der Ohren müssen bestimmt werden. Mit dem Knetgummi werden überflüssige und zu kräftig geratene Linien wegradiert, um mit einem feineren und härteren Bleistift weiterzeichnen zu können.
Die unten stehende Abbildung zeigt ein Stadium zwischen Skizze und Vorzeichnung.

Zweiter Schritt

In einem zweiten Schritt wird die Vorzeichnung mit harten Bleistiften von H bis 4 H ausgearbeitet. Dabei werden mit Hilfe kleiner Linien die Struktur des Fells und helle sowie dunkle Stellen angedeutet. Kopf und Augen erhalten ihren ersten Ausdruck. Die Richtung des Zeichnens verläuft dabei von oben nach unten und von links nach rechts, um Verwischungen zu vermeiden.

Da die zeichnende Hand oft aufliegen muss, wird ein Papier als Schutz darunter geschoben.

Dritter Schritt

Die Zeichnung wird auch in einem dritten Schritt mit vielen einzelnen Linien weiter ausgearbeitet, jedoch darf hierbei kein „stures" Zeichnen stattfinden. Die sehr differenzierten Flächen erfordern viel Aufmerksamkeit und etliche Unterbrechungen, um immer wieder genau hinzusehen und zu korrigieren. Als erstes wird der Kopf fertig gezeichnet, wobei die Ohren, die Streifung des Fells und vor allem der Ausdruck der Augen häufig überarbeitet werden. Damit die Form und Lage der dunklen Fellstreifen an Körper und Beinen möglichst genau ausfallen, wird die Zeichnung immer wieder mit der vorliegenden Fotografie verglichen. Bevor Sie fertig sind, sollten Sie die Zeichnung kurze Zeit weglegen und dann erneut betrachten. Mit etwas Abstand sieht man Stellen, die eventuell noch einmal überzeichnet werden müssen. Um einen räumlichen Effekt zu erzielen, müssen einige Stellen stärker durchgezeichnet werden. Zum Schluss werden die langen Schnurrhaare gezeichnet und die ganze Zeichnung mehrere Male hintereinander fixiert.

Liegende Katze (Tuschezeichnung)

Benötigtes Material: leicht getöntes, cremefarbenes Zeichenpapier, 33,5 x 22 cm, Bleistift Härtegrad HB, grobe Stahlfeder, schwarze Tusche.

Das Modell für diese Zeichnung war eine schwarze Katze, die auf einem runden Tisch, wie auf einem erhöhten Beobachtungsposten, lag. Was die flache Körperhaltung und die gespannte Aufmerksamkeit, die Kopfhaltung und Augen deutlich verraten, soll eingefangen werden.

Fertigen Sie zuerst eine Bleistiftskizze an und setzen Sie diese anschließend als Federzeichnung um. Hierfür werden die Striche neben- und übereinander gesetzt, sodass der Körper durch die schnelle und grobe Schraffur schwarz und massig wirkt.

Lichter, Helligkeiten sowie das Auge werden durch Aussparungen von Linien und hellere Schraffur definiert.

Hunde

Hunde gelten als die ältesten Begleiter des Menschen; Funde belegen, dass Hunde vor mehr als 10.000 Jahren zusammen mit Menschen bestattet wurden.

Weltweit gibt es mehr als 500 verschiedene Rassen, die sich nach Größe, Behaarung, Körperbau und Wesen unterscheiden. Die verschiedenen Rassen lassen eine gemeinsame Abkunft kaum vermuten, allenfalls die gemeinsamen Verhaltensweisen lassen auf den Wolf als Urahnen schließen. Hunde sind Zehengänger, ein typisches Merkmal sind ihre Vorder- und Hinterläufe. Die Länge zwischen dem Ellbogen- und Handgelenk ist verhältnismäßig kleiner als die zwischen Knie und Fußknöchel.

Der Schädel des Hundes ist im Vergleich zum Pferd wesentlich kleiner, der Abstand zwischen Schnauze und Augen ist geringer, aber die Schädelhöhle ist wesentlich höher.

Spielender Hund (Rötelzeichnung)

Benötigtes Material: leicht getöntes Zeichenpapier, ca. 20 x 32 cm, Rötelstift.

Diese Skizze hatte ein Foto als Vorlage, da es sehr viel Zeit, Geduld und Erfahrung bedarf, ein Tier in Bewegung zu erfassen. Fotos erleichtern das Zeichnen von lebendigen Tieren, vor allem kann man sich immer wieder, zu jeder Zeit, neu an dem gewünschten Motiv versuchen. Hier wurden zuerst mit zügigen Linien die Umrisse mit Rötel aufs Papier gebracht. Die Linien sind nicht durchgehend, sondern oft unterbrochen und überschneiden sich manchmal.

Das Fell wird mit verschiedenen Folgen von Linien nur angedeutet. Die Intensität ist dabei sehr unterschiedlich, einige Linien werden nur sehr zart gesetzt, andere werden kräftig ausgeführt, um markante Details und Partien zu betonen.

Hundeporträt (Pastellzeichnung)

Benötigtes Material: festes, braun getöntes Zeichenpapier, DIN A2, Bleistift Härtegrad HB, schwarze Kreide, Pastellstifte und -kreiden in verschiedenen Farben, Fixativspray.

Erster Schritt

Als Vorlage für dieses Hundeporträt wurde ein Foto verwendet. Der Kopf des Tieres wird im Umriss mit wenigen Bleistiftlinien in freier Zeichnung skizziert. Durch den ständigen Vergleich mit der Vorlage wird die Stellung der Details wie Augen, Nase, Maul und Zunge festgelegt.

Anschließend werden mit weißer und brauner Pastellkreide und etwas schwarzer Kreide Umriss, Konturen und wesentliche Merkmale deutlicher herausgezeichnet, sodass eine charakteristische Vorzeichnung vorliegt.

Zweiter Schritt

Im zweiten Schritt wird mit Pastellkreide weitergearbeitet. Zuerst werden die Schnauze und Augenpartie stärker betont und die hochgezogenen Augenbrauen gezeichnet. Mit langen geschwungenen Linien wird das flauschige Fell angedeutet.

Mit weißer Pastellkreide werden nun auf der Schnauze, der Zunge und den Augenbrauen Lichter angelegt.

Der Hintergrund wird mit einem kräftigen Grün angelegt und zunächst mit dem Finger oder einem Tuch verwischt.

Für den flächigen Auftrag können Sie auch mit der Kante der Pastellkreide malen.

Dritter Schritt

Im letzten Schritt wird das Fell des Hundes ausgearbeitet. Der braun getönte Zeichengrund entspricht in etwa der Farbigkeit des Fells, sodass das Zeichnen erleichtert wird. Die Länge der Fellhaare ist sehr unterschiedlich, für das Gesicht werden kurze Haare gezeichnet, wobei sich die Richtung der kleinen Pastelllinien der Kopfform anpasst. Die lichten und dunklen Stellen verlangen ein häufiges Überarbeiten. Für die Fellpartien der Ohren und der Brust werden lange geschwungene Linien gezeichnet. Wichtig ist das Modellieren des Kopfes durch Licht und Schatten, die hellen Haare sowie die Fühlhaare auf der Schnauze werden zuletzt mit einem weißen Pastellstift gezeichnet.

Beim Zeichnen sollte einige Male zwischenfixiert werden, sodass die Pigmente der nächsten Schicht haften bleiben. Zum Schluss wird der Hintergrund angelegt, der einen deutlichen Kontrast zu dem Kopf bilden soll, sodass sich dieser abhebt. Mit Grün- und Brauntönen wird mit langen Strichen Gras angedeutet. Fixieren Sie das Pastell abschließend gründlich, sodass die Farben nicht verwischen können.

Pferde

Pferde, aus der Familie der Unpaarhufer, sind hochbeinige Lauf- und Fluchttiere. Sie entwickelten sich vor rund 60 Millionen Jahren aus einer fuchsgroßen Stammform in Amerika. Die Domestikation des Wildpferdes erfolgte in Nord- und West-Europa im 4. Jahrtausend v. Chr.

Erste Darstellungen von Pferden finden sich bereits in frühsteinzeitlichen Höhlenmalereien, z.B. Lascaux in Frankreich. Diese Zeichnungen sind sehr präzise und beweisen genaue Beobachtung und hohes künstlerisches Können.

Mit der Zähmung des Pferdes wuchs auch die Bedeutung als Bildobjekt.

So entstanden im Verlauf der Zeit unzählige Darstellungen, auf denen Pferde eine große Rolle spielen, von der Jagddarstellung bis hin zum Reiterbildnis.

Galoppierendes Pferd (Lavierte Federzeichnung)

Benötigtes Material: festes Zeichenpapier, ca. 30 x 42 cm, Bleistift Härtegrad HB, eine feste Stahlfeder, Aquarellpinsel, Sepiatusche.

Pferde haben einen großen Bewegungsdrang, sie sind kraftvoll und schnell. In Bewegung sind sie zeichnerisch kaum zu erfassen.

Erster Schritt

Für das vorliegende Bild wurde eine Fotografie als Vorlage verwendet. Ziehen Sie Linien mit einem Abstand von jeweils einem Zentimeter für das Foto und übertragen Sie dieses Liniennetz auf das Zeichenpapier mit einem Linienabstand von 4 Zentimetern.

Nun werden Umrisslinien sorgfältig gezeichnet. Die Galoppbewegung und das Muskelspiel sollten zutreffend erscheinen. Dazu wurde die Brustmuskulatur mit einigen Linien angedeutet.

Das Ganze kann als Bleistiftstudie so stehenbleiben oder als Vorzeichnung für eine weitere Ausarbeitung mit anderen Materialien verwendet werden.

Zweiter Schritt

Bevor mit dem Zeichnen mit Tusche und dem Lavieren begonnen wird, werden überflüssige und zu dick gezeichnete Bleistiftlinien wegradiert oder ausgedünnt. Nun werden die Linien mit Tusche nachgezogen, wobei die Feder immer wieder neu angesetzt und der Aufdruck ständig variiert wird, sodass eine lebendige, abwechselnd stärker und feiner werdende Linie entsteht. Jeder einzelne Linienabschnitt wird beim Zeichnen laviert, indem mit einem nassen, aber nicht tropfnassen Pinsel die Fläche direkt neben der frisch mit Tusche gezeichneten Linie angefeuchtet wird. Der Effekt ist hierbei, dass die noch feuchte Tusche verläuft und zu der strengen Linie ein malerischer Schatten hinzukommt.

Arbeiten Sie beim Lavieren sehr behutsam, denn zu wuchtige Verläufe können leicht die Zeichnung verderben.

Die Zeichnung wird von links nach rechts gearbeitet, um Verwischungen durch die zeichnende Hand zu vermeiden. Die lavierten Umrisslinien ergeben eine Licht- und Schattenwirkung, die jetzt an einigen Stellen noch verstärkt wird. Mit Pinsel und stark verdünnter Tusche (vorher war der Pinsel nur mit klarem Wasser angefeuchtet) werden die Partien an Bauch, Brust und Hals vorsichtig aquarelliert.

Zum Schluss werden die noch sichtbaren Bleistiftlinien mit dem Knetgummi entfernt.

Stute mit Fohlen (Kohlezeichnung)

Benötigtes Material: getöntes, leicht raues Zeichenpapier, ca. 63 x 50 cm, Bleistift Härtegrad HB, feste Reißkohle, weiße Kreide, Fixativspray.

Jungtiere mit ihren Müttern auf der Weide zu beobachten, ist ein richtiges Vergnügen. Das Spiel zwischen übermütigem Herumtollen und zärtlicher Zuwendung bietet manchen Anreiz, dies zeichnerisch umzusetzen. Junge Fohlen sind noch recht staksig, die Beine erscheinen überlang und dünn und der Körper wirkt neben der massigeren Stute überaus zierlich.

Erster Schritt

Grundlage für die Zeichnung mit diesem Motiv war eine ältere, selbst gemachte Fotografie. Das Foto wird nicht gerastert, sondern es werden eine senkrechte und eine waagerechte Hilfslinie gezogen, die sich durch die Haltung der Körper zueinander ergeben. Die Waagerechte folgt der Rückenlinie des Fohlens, die Senkrechte dem rechten, vorderen Bein der Stute. Mit Hilfe dieser Linien wird das Motiv auf das Zeichenpapier übertragen und eine relativ freie Skizze angefertigt. Anschließend werden überflüssige Linien vorsichtig wegradiert, denn die Skizze soll nur die Vorarbeit für eine weitere Ausarbeitung mit Zeichenkohle sein.

Zweiter Schritt

Für die Ausarbeitung wurde eine festere Reißkohle verwendet, die eine präzise Linienführung und tiefe Schwarztöne erlaubt. Beginnen Sie vorsichtig, sodass zunächst nur leichte Grautöne entstehen, anschließend werden die Schattenpartien kräftiger überzeichnet, um einen räumlichen Effekt zu erzielen. Lichte Stellen werden ausgespart, da sich Reißkohle nur schwer radieren lässt. Beide Tiere werden wieder und wieder überarbeitet, bis die gewünschten tiefen Töne erreicht sind, die Schatten am Boden werden nur angedeutet.

Im Hintergrund wird zum Schluss eine leichte Höhung mit weißer Kreide angelegt, sodass sich die Stute gut abhebt. Eine Fixierung sorgt zuletzt für Schutz vor Verwischungen.

Kühe

Das Rind gehört seit frühesten Zeiten als ältestes Milch- und Arbeitstier zu dem wichtigsten Begleiter des Menschen, in vielen Teilen der Welt und in vielen Kulturen. Die Rassen des Hausrindes stammen vom Auerochsen ab, die älteste Domestikation ist ca. 6500 v. Chr. im kleinasiatischen Raum nachgewiesen. Stierkulte und Fruchtbarkeitsriten entwickelten sich etwa zur gleichen Zeit. Darstellungen von Rindern finden sich, wie die von Pferden, bereits in alten Höhlenmalereien, die meisten Bilder gibt es allerdings von den als kraftvoll, wild und urtümlich geltenden Stieren. Kühe tauchen in der Kunst eher am Rande auf, am häufigsten in Landschaftsdarstellungen oder auf bäuerlichen Genrebildern. Der Schädel des Rindes ähnelt dem des Pferdes, allerdings ist er kürzer und massiger. Zudem weist er zu beiden Seiten der Schädelhöhle Hörner auf, bei der Kuh etwas kleinere als beim Stier.

Eine einfache Federzeichnung zeigt den kräftigen Körper des Tieres, die starken Beine und eine vom Pferd recht verschiedene Form. So verläuft die Rückenlinie beim Pferd viel geschwungener, bei einer stehenden Kuh bildet sie bis zum Schwanzansatz beinah eine gerade Linie.

Grasende Kühe (Kreidezeichnung)

Benötigtes Material: getöntes Zeichenpapier DIN A2, Bleistift Härtegrad HB, schwarze Kreide, Fixativspray.

Das Grasen ist ein Vorgang äußerster Bedächtigkeit, man kann den Tieren lange dabei zuschauen, wie sie mit ihrer kräftigen Zunge das Gras abrupfen und sich dabei vorwärts bewegen. In dieser Position lassen sich Kühe gut zeichnen.

Das vorliegende Beispiel wurde aus Skizzen, die die Tiere jeweils getrennt zeigten, zu einem Motiv komponiert. Die Tiere stehen auf verschieden geneigten Ebenen, die vordere Kuh kommt deutlich auf den Betrachter zu und zeigt Hals und Rücken.

Erster Schritt
Die Tiere werden von den Skizzen mit Bleistift auf ein größeres, getöntes Zeichenpapier übertragen. Die Zusammenstellung erfordert einige Korrekturen, bis die Bleistiftzeichnung stimmig und als Vorzeichnung brauchbar ist. Anschließend werden die Umrisslinien stärker gezeichnet und Details nur angedeutet. Der Hintergrund wird ebenso nur mit leichten Linien skizziert.

Zweiter Schritt

Im zweiten Schritt werden die Bleistiftlinien mit Kreide nachgezeichnet und die Fellflecken dunkel angelegt. Schattierungen werden nur sehr sparsam eingesetzt.

Zeichnen Sie nun das Gras und die Landschaft mit kleinen kurzen Strichen. Zuletzt wird die Kreidezeichnung mit einem Fixativspray fixiert.

Porträt (Pastellzeichnung)

Benötigtes Material: festes, getöntes Zeichenpapier, 64 x 50 cm, Pastellkreide, schwarze und weiße Kreide, Rötel, Sepia, Buntstifte, Fixativspray.

Erster Schritt

Für dieses Porträt diente eine Fotografie als Vorlage. Auch bei diesem Bild wurde ein leicht getöntes Papier genommen, weil der Grundton des Papiers schon für eine gewisse Farbigkeit sorgte. Die großen Umrisslinien des Kopfes werden mit einem Rötelstift skizziert, wobei die Linien zuerst schwach gezeichnet werden, um noch Korrekturmöglichkeiten zu erhalten. Die dunklen Teile des Fells entstehen in einer raschen Strichelei mit Rötelstiften, wobei die hellen Stellen ausgespart bleiben. Die Umrisslinien werden kräftiger gezeichnet und die Augen erhalten einen ersten Ausdruck. Das Fell wird als Fläche durch eine Art Schraffur mit einem Rötelstift angedeutet, hierfür kann auch ein weicherer Pastellstift oder -kreide verwendet werden, um zügig voranzukommen. Für die hellen Flecken wird weiße Kreide verwendet.

Zweiter Schritt

Im zweiten Schritt werden breite Pastellstriche etwas verwischt, sodass eine größere, schon tief getönte Fläche entsteht. Diese wird zwischenfixiert, um darauf weiterzeichnen zu können. Nun wird das Fell gezeichnet, indem einzelne kurze Linien nebeneinander gesetzt werden.

Mit Hilfe der Strichelei werden Lichter und Schatten gesetzt und die Form der Stirn, der Kiefer, die Adern und die knöcherne Anatomie des Schädels modelliert. Dafür müssen sich die kurzen Linien jeweils der Kopfform anpassen.

Die weißen Stellen des Fells werden mit weißer Pastellfarbe und einigen Rötelstrichen dargestellt und für die Übergänge zum dunkleren Fell wird teils mit Rötel oder noch härterem Buntstift in die weißen Stellen hineingezeichnet und teils umgekehrt mit weißer Kreide in die dunkleren Stellen. Nüstern und Maul werden mit Pastell und schwarzer Kreide gezeichnet, die kurzen Fühlhaare werden mit knappen Buntstiftlinien angedeutet. Die Ohren werden mit weniger und mit längeren Strichen gezeichnet als das Fell. Längere, geschwungene Linien ergeben die Ponyhaare.

Die Augen mit den langen Wimpern müssen deutlich herausgearbeitet werden. Fixieren Sie während des Zeichnens einige Male das Bild und nehmen Sie zuletzt eine Schlussfixierung vor.

Wellensittiche

Wellensittiche, aus der Gruppe der Sittiche, sind kleine Papageien mit einem langen Schwanz. In ihrer Heimat, den offenen, buschreichen, von Bäumen durchsetzten Landschaften Australiens, leben sie in kleinen und größeren Gruppen, häufig sind sie auch in großen Schwärmen anzutreffen. Vor allem seit der Mitte des vergangenen Jahrhunderts kennt man die geselligen Vögel auch in Europa, seit 1840 wird der ursprünglich grün-gefiederte gelbköpfige Sittich in verschiedenen Farben gezüchtet. Mittlerweile sind sie längst zu verbreiteten und beliebten Haustieren geworden.

Das Zeichnen von Vögeln ist nicht schwieriger als das Zeichnen von anderen Tieren. Hierbei wird man aber noch mehr auf Fotomaterial angewiesen sein, denn eine Studie der lebendigen und sehr schnellen Tiere dürfte schwierig sein. Wählt man als Vorlage eine Gesamtdarstellung, müssen die Federn nicht bis ins Detail gezeichnet werden. Besonders im Bereich der kleinen Kopf- und Brustfedern genügt oft eine andeutende Darstellung.

Auf die großen Flugfedern der Schwingen muss dagegen mehr geachtet werden. Sie sind recht markant in Form und Farbe. Federn im Detail muss man nur bei Ausschnitten, z.B. einem Vogelporträt, zeichnen.

Vogelpärchen (Pastellzeichnung)

Benötigtes Material: festes Zeichenpapier mit rauer Oberfläche und grüner Tönung, ca. 49 x 65 cm, harte Pastellkreiden, Buntstifte in Sepia oder Vandyckbraun und Schwarz.

Für dieses Bild lagen zwei Fotografien von Wellensittichen vor, die in der Zeichnung zu einem Bild zusammengeführt wurden. Hierbei müssen Unterschiede in der Größe und Ansicht ausgeglichen werden.

Erster Schritt

Für Pastellzeichnungen eignet sich ein festeres Zeichenpapier mit einer Tönung, die Oberfläche sollte relativ rau sein. Nun werden mit weißer Pastellkreide die Umrisse der Vögel auf das Papier gezeichnet. Bei farbigem Papier ist eine Bleistiftzeichnung nicht nötig, die weiße Vorzeichnung lässt sich besser in das Pastell miteinbeziehen. Der Ast kann jedoch gleich mit schwarzem Buntstift skizziert werden, da er auch im Verlauf der Zeichnung die dunkelste Stelle bleibt. Gerade die Rücken- und Flugfedern des linken Vogels müssen nun detailgetreu übertragen werden. Anschließend wird im Kopf-, Hals- und Rückenbereich eine erste gelbe Tönung angelegt, die in unterschiedlicher Stärke ausfällt.

Zweiter Schritt

Im zweiten Schritt werden zuerst die gelben Partien weiter ausgearbeitet, indem die Ränder der einzelnen Federn kräftig aber auch großzügig gezeichnet werden. Hierfür erweist sich ein raues Papier als sehr vorteilhaft. Die Darstellung des rechten Vogels wird mit den weißen Rändern der Kopf-, Nacken- und Kehlfedern begonnen, wobei auf die richtige Anordnung der Federn geachtet werden sollte. Der Blauton im Brust- und Körperbereich kann großzügig angelegt werden, indem ein hellerer und ein dunklerer Blauton aufgetragen, verwischt und stellenweise neu aufgebracht werden. Hierbei wird die Wölbung des Körpers deutlich herausmodelliert.

Die sichtbaren Enden der Handschwingen und der Schwanz- und Steuerfedern erhalten blaue Spitzen.

Dritter Schritt

Im letzten Schritt werden die Wellensittiche farblich durchgezeichnet. Der linke Vogel wird in einem helleren Grünton angelegt, vornehmlich im Bereich des Unterrückens, der Armschwingen und des Vorderrückens. Die Pastellfarbe wird hierbei jeweils vorsichtig verwischt. Ränder und Enden der großen Handschwingen werden in Weiß gezeichnet, in den Schwanzfedern wird ein Blauton verwendet.

Anschließend wird der Vogel leicht fixiert, sodass die Feinzeichnung mit Buntstift in Sepia oder Vandyckbraun erfolgen kann.

Kopf- und Nackenpartie werden in einer differenzierten Zeichnung ausgearbeitet, ebenso werden sämtliche

31

Die blaue Wachs-Nasenhaut über dem Schnabel kennzeichnet das rechte Tier als ein männliches, die hellere Tönung bezeichnet das linke Tier als weiblich.

Zum Schluss wird der Ast mit Pastell und Buntstift ausgearbeitet und die Füße des rechten Vogels mit hellen Tönen darübergezeichnet.

Die ganze Zeichnung muss anschließend fixiert werden, wobei kleine Korrekturen noch ausgeführt werden können.

dunklen Stellen der einzelnen größeren Federn mit dem Buntstift herausgeholt. Bei dem rechten Vogel werden nun weiße Linien in das Blau gezeichnet und der Brustbereich wird weiter abgetönt. Einzelne helle und dunkle Linien reichen hier zur Darstellung eines dichten, feinen Federkleides aus. Mit Schwarz werden die Augen gezeichnet, mit Ocker und Sepia die Schnäbel.

Bitte beachten Sie auch unsere weiteren, in der Reihe „Schritt für Schritt" erschienenen Titel: